# Caerdydd

Jo Knell

BRECHDAN INC

Argraffiad cyntaf – 2007
Ail argraffiad – 2009

ISBN 978 1 84323 619 1

ⓗ Gwasg Gomer ©

Cynllun y gyfres: mo-design.com

Map ar t. 4-5: Ray Edgar

Diolch i Jon a Sally Phillips o Pippin's Designs Ltd. am eu cymorth ac am y lluniau ar t. 16 a 17; lluniau ar t. 14, 22 a 32 – www.sealsanctuary.co.uk

Noddwyd gan Lywodraeth Cynulliad Cymru

Argraffwyd yng Nghymru gan Wasg Gomer, Llandysul, Ceredigion SA44 4JL
www.gomer.co.uk

# Cynnwys

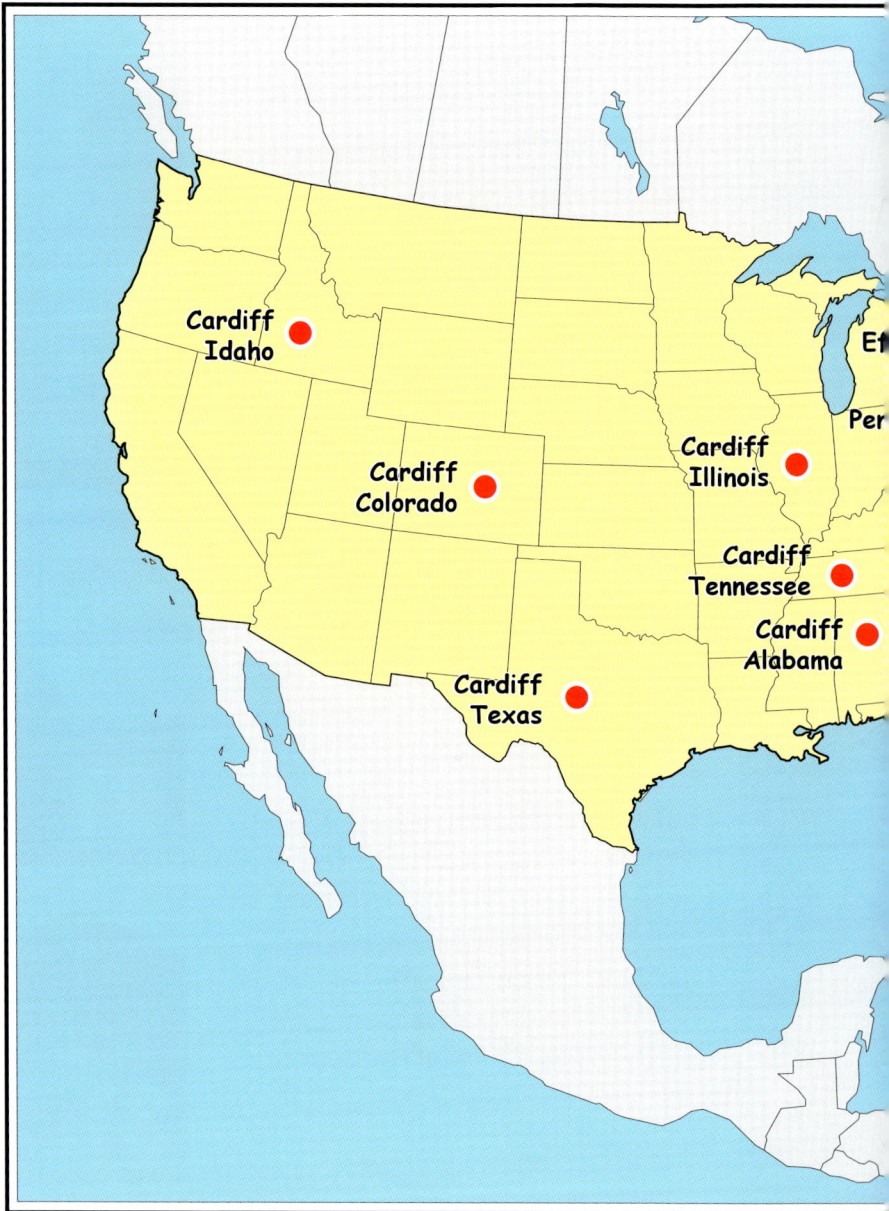

Cardiff
Idaho

Cardiff
Colorado

Cardiff
Illinois

Ef

Per

Cardiff
Tennessee

Cardiff
Alabama

Cardiff
Texas

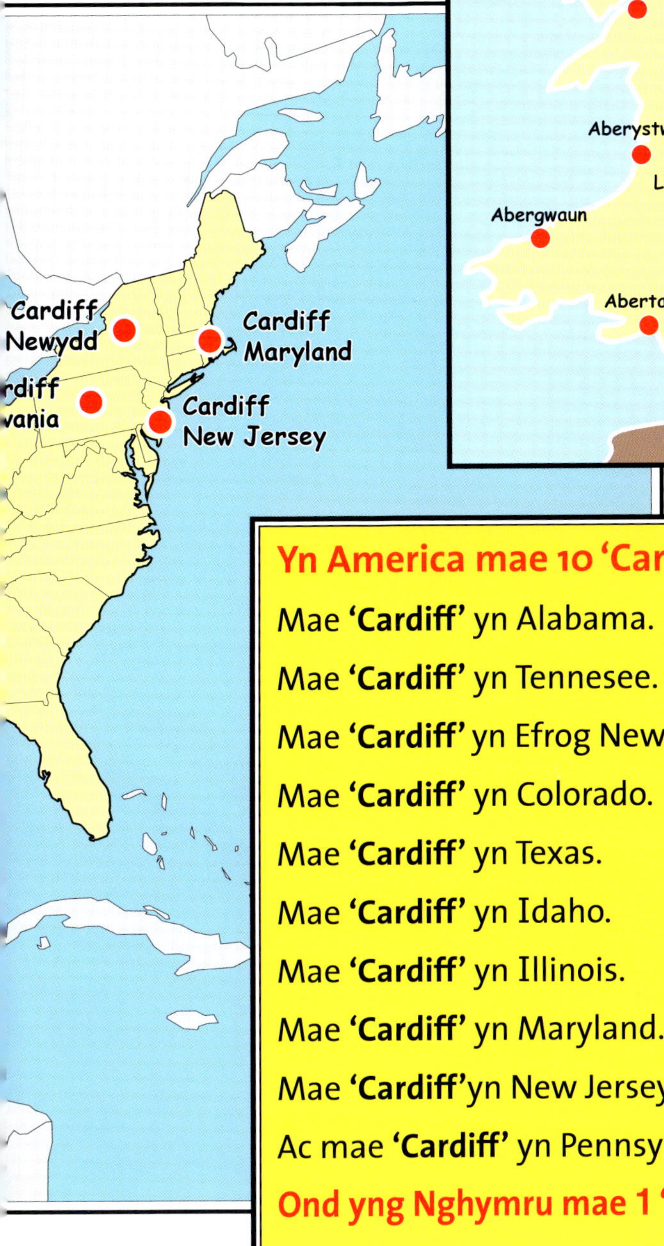
Cardiff
Newydd
rdiff
vania
Cardiff
Maryland
Cardiff
New Jersey

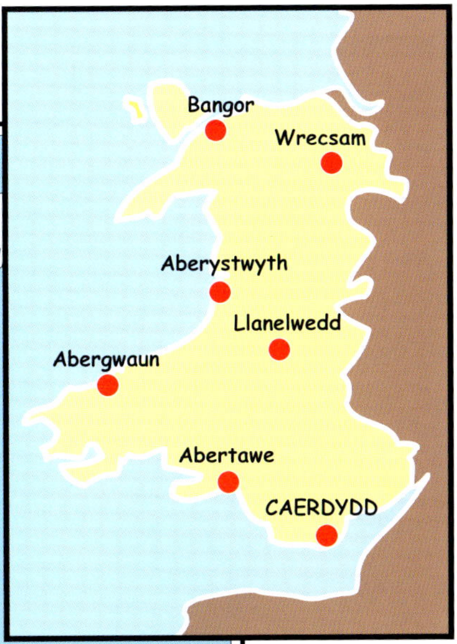
Bangor
Wrecsam
Aberystwyth
Llanelwedd
Abergwaun
Abertawe
CAERDYDD

**Yn America mae 10 'Cardiff'!**

Mae **'Cardiff'** yn Alabama.

Mae **'Cardiff'** yn Tennesee.

Mae **'Cardiff'** yn Efrog Newydd.

Mae **'Cardiff'** yn Colorado.

Mae **'Cardiff'** yn Texas.

Mae **'Cardiff'** yn Idaho.

Mae **'Cardiff'** yn Illinois.

Mae **'Cardiff'** yn Maryland.

Mae **'Cardiff'**yn New Jersey.

Ac mae **'Cardiff'** yn Pennsylvania.

**Ond yng Nghymru mae 1 'Caerdydd '**

## Yng Nghaerdydd mae :

castell

siopau mawr

**parciau braf**

**Senedd**

# Ond . . .

Oeddet ti'n gwybod am Billy'r Morlo?

Oeddet ti'n gwybod am Oriel arbennig
Parc yr Arfau?

Oeddet ti'n gwybod am Radio Ramadan?

## Na?

## Wel, dere i ddarllen am
# Gaerdydd!

# Canolfan Mileniwm Cymru

## Oeddet ti'n gwybod..?

### Mae Canolfan Mileniwm Cymru yng Nghaerdydd

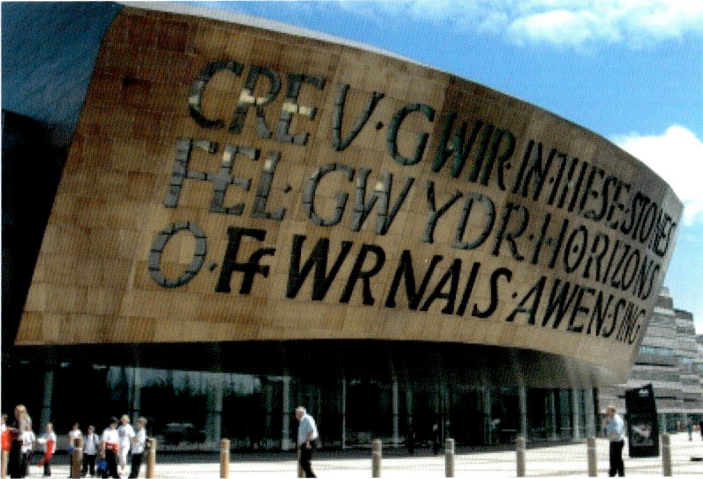

- Ar y Ganolfan mae cerdd yn Gymraeg ac yn Saesneg.
- Mae pob llythyren yn 6 troedfedd o uchder!
- Dyma'r gerdd fwyaf yn y byd!
- Ysgrifennodd Gwyneth Lewis y gerdd.
- Gwyneth Lewis oedd Bardd Cenedlaethol cyntaf Cymru.
- Cafodd Gwyneth Lewis ei geni yng Nghaerdydd ym 1959.

Gwyneth Lewis

# Canolfan Mileniwm Cymru

Mae 7 grŵp yn gweithio yn y Ganolfan:

- Urdd Gobaith Cymru

- Opera Cenedlaethol Cymru

- Diversions

- Theatr Hijinx

- Tŷ Cerdd

- Academi

- Touch Trust

Hefyd mae hi'n bosibl gweld o gwmpas Canolfan y Mileniwm.

# Gwersyll yr Urdd

## Oeddet ti'n gwybod..?

- Mae Gwersyll yr Urdd tu mewn i Ganolfan Mileniwm Cymru.

- Mae 153 o bobl yn gallu cysgu yn y Ganolfan.

- Mae hi'n bosibl mynd i weld Castell Caerdydd, Stadiwm y Mileniwm, Y Senedd, Bae Caerdydd a mynd i siopa!

- Mae'r Urdd yn brysur iawn yng Nghaerdydd!

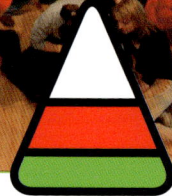

urdd.org

# Eisteddfod Genedlaethol yr Urdd

## Oeddet ti'n gwybod..?

**Mae Eisteddfod Genedlaethol yr Urdd yng Nghanolfan y Mileniwm bob pedair blynedd.**

- Roedd yr Eisteddfod yn y Ganolfan yn 2005.

- Aeth 96,000 o bobl i'r Eisteddfod!

- Enillodd Harriet Petty Medal y Dysgwyr. Roedd Harriet yn 17 oed. Roedd Harriet yn mynd i Ysgol Uwchradd Treffynnon. Dysgodd Harriet siarad Cymraeg mewn pedair blynedd!

- Roedd cystadlaethau canu, dawnsio, llefaru, chwarae offerynnau a llawer mwy!

- Mewn cystadleuaeth llefaru i ddysgwyr enillodd grŵp o Ysgol Glan Afan.

13

# Croeso i Gaerdydd, Billy'r Morlo

Heddiw, daeth Billy i Gaerdydd. Morlo ydy Billy!

Roedd Billy yn arfer nofio yn y môr. Ond un diwrnod, aeth Billy i mewn i focs – bocs pysgod!

Roedd Mrs. Bugg o Heol Conway, Caerdydd, yn siopa yn y farchnad a ffeindiodd hi Billy yn y bocs pysgod!

Nawr, mae Billy yn byw yn y pwll dŵr yn y parc – Parc Fictoria.

# Yn y parc mae sw bach.

## Yn y sw mae:

paun

parot

gafr

mwnci

Mae llawer o bobl yn dod i weld Billy.

Mae'r plant yn hoffi Billy.

**Mae pawb yn hoffi Billy!**

# Gleision Caerdydd

## Parc yr Arfau yw cartref Clwb Rygbi Gleision Caerdydd.

Mae'r lluniau yma yn stadiwm Parc yr Arfau.

Wyt ti'n gwybod pwy sydd yn y lluniau?

Arwyr clwb y Gleision sydd yn y lluniau.

Dyma Nicky Robinson – un o arwyr y gleision.

Plant a phobl ifanc sydd wedi peintio'r lluniau.
Maen nhw'n cael dod i Barc yr Arfau am ddiwrnod.
Maen nhw'n cael taith o gwmpas y stadiwm.
Maen nhw'n cael bwyta cinio ar y teras.
Mae dros 800 o blant a phobl ifanc ardal Caerdydd wedi cymryd rhan yn y prosiect arlunio yma.

Weithiau mae'r artistiaid yn cael cyfarfod â'u arwyr.

Weithiau mae'r chwaraewyr yn helpu gyda'r gwaith.

Dyma Jamie Robinson yn peintio gyda pobl ifanc o'r Rhondda.

Bydd arlunwyr proffesiynol yn helpu gyda'r peintio. Wedyn, bydd pawb yn cael llofnodi eu gwaith.

# Bae Caerdydd

Mae Rob yn byw yn Aberystwyth, ond yn ystod yr haf aeth e ar ei wyliau gyda'r Urdd i Gaerdydd. Dyma ddyddiadur Rob:

## Dydd Llun

*Am un o'r gloch, aethon ni i'r Bae – Bae Caerdydd. Rydyn ni'n aros yn y Bae gyda'r Urdd. Mae Canolfan yr Urdd yng Nghanolfan y Mileniwm. Mae'n wych!*

*Heno, gwelon ni sioe fawr yn y Ganolfan. Roedd yr actio a'r gerddoriaeth yn cŵl!*

# Dydd Mawrth

Heddiw, aethon ni i'r Senedd. Yn y Senedd, gwelon ni'r siambr. Yma mae Aelodau'r Cynulliad yn siarad am Gymru. Roedd hi'n ddiddorol iawn.

Wedyn, aethon ni i'r Eglwys Norwyaidd. Yn yr eglwys, cafodd yr awdur enwog Roald Dahl ei fedyddio. Mae caffi yn yr eglwys nawr. Ces i siocled poeth hyfryd!

Yn y prynhawn, aethon ni i siopa yng Nghaerdydd. Ces i amser bendigedig! Does dim arian ar ôl nawr!

Yfory, rydyn ni'n mynd i'r Ganolfan Wyddoniaeth – Techniquest.

## Dydd Mercher

*Yn yr ysgol, rydw i'n hoffi ymarfer corff a drama. Dydw i ddim yn hoffi gwyddoniaeth. Ond yn 'Techniquest', roedd gwyddoniaeth yn hwyl!*

*Wedyn, ces i ginio yn 'Harry Ramsdens'. Ces i bysgod a sglods – neis iawn!*

*Rydw i wedi cael amser da iawn yng Nghaerdydd ac rydw i eisiau dod yn ôl eto!*

# Stadiwm y Mileniwm:

- Mae Stadiwm y Mileniwm yn dal 72,500 o bobl.

- Roedd y gêm gyntaf yn y Stadiwm ym 1999.

- Costiodd y Stadiwm £130 miliwn!

- Mae to'r Stadiwm yn medru cau ac agor.

- Yn y Stadiwm mae gemau rygbi a gemau pêl-droed.

- Yn y Stadiwm mae cyngherddau pop.

- Yn y Stadiwm mae partïon traeth!

# Dewch â bwyd i Billy!

Billy'r Morlo, Parc Fictoria, 1917

Ydych chi'n gwybod faint mae'n costio i fwydo Billy'r Morlo?

## Mae'n costio 34 swllt yr wythnos!

Nawr, achos y Rhyfel Byd, mae 34 swllt yn llawer o arian. Does dim digon o arian i dalu am fwyd i Billy bob wythnos.

# Felly beth ydy'r ateb?

'Rhaid i Billy fwyta caws a bara!'

Mrs C. Jones, Stryd y Moch, Caerdydd

'Rhaid i Billy fwyta tatws a moron!'

Mr. F. Evans, Stryd yr Adar, Caerdydd

'Rhaid i Billy fynd yn ôl i'r môr!'

Miss J. Smith, Stryd y Defaid, Caerdydd

Diolch byth, dydy Billy ddim yn mynd yn ôl i'r môr.

Mae e'n mynd i aros yn y parc!

Mae'r Pwyllgor wedi penderfynu.

## OND, rhaid i Billy fwyta llai o bysgod!

Felly, bobl Caerdydd:

Beth am helpu Billy?

Rhaid i Billy fwyta pysgod!

**Dewch i'r parc a dewch â bwyd i Billy!**

# Pobl enwog Caerdydd

## Colin Jackson

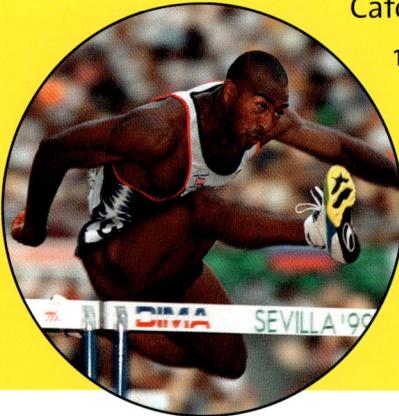

Cafodd Colin ei eni ar Chwefror 18, 1967. Mae e'n athletwr enwog. Roedd Colin yn rhedeg 110m dros y clwydi. Ym 1993, torrodd Colin record y byd – 12.91 eiliad.
**Da iawn Colin!**

## Ioan Gruffudd

Cafodd Ioan ei eni ar Hydref 6, 1973. Mae e'n actor enwog. Mae Ioan wedi actio yn y ffilm *Titanic*, yn y gyfres *Hornblower* ac yn *Pobol y Cwm*. Aeth Ioan i Ysgol Gymraeg yng Nghaerdydd – Ysgol Glantaf.

# Shirley Bassey

Cafodd Shirley ei geni ar Ionawr 8, 1937. Mae hi'n enwog am ganu. Mae llais Shirley yn cael ei ddefnyddio ar ffilmiau *James Bond – Goldfinger, Diamonds are Forever* a *Moonraker.*

# Roald Dahl

Cafodd Roald Dahl ei eni ar Fedi 16, 1916 a bu farw ym 1990. Ysgrifennodd Roald Dahl storïau gwych fel *Charlie and the Chocolate Factory* a *The BFG.* Mae ei lyfr *Boy* yn sôn am Gaerdydd.

# Caerdydd:
# Lle da i siarad Cymraeg

Mae 48,000 o bobl yn siarad Cymraeg yng Nghaerdydd.

## Mae'n ffaith!

### Clybio

Mae llawer o glybiau Cymraeg i blant a phobl ifanc yng Nghaerdydd:

- clwb clocsio
- clwb dawns
- clwb celf
- clwb jiwdo
- clwb nofio
- clwb drama
- côr

**Mae pawb yn mwynhau yn GYMRAEG!**

# Chwarae Rygbi!

Clwb Rygbi i fechgyn a merched
Caerdydd sy'n siarad Cymraeg ydy
CRICC. Mae'r clwb yn chwarae bob
penwythnos.

# Bob Dydd!

Mae Menter Caerdydd yn trefnu llawer o weithgareddau
yn Gymraeg. Mae'n bosibl
dysgu Sbaeneg, dysgu nofio,
rhedeg, chwarae golff, mynd
ar wyliau sgïo, cadw'n heini,
chwarae pêl-droed ac, wrth
gwrs, dysgu siarad Cymraeg.

# Caerdydd:
## Lle da i siarad . . .

Somalieg, Urdu, Punjabi, Bengaleg, Ffarseg, Twrceg, Arabeg, Japaneg, Corëeg, Hindi, Swahili, Gujarati...

## Oeddet ti'n gwybod..?

Mae dros 50 iaith yng Nghaerdydd.

## Mae'n ffaith!

## Radio Ramadan Caerdydd

Mis yn y calendr Moslemaidd ydy **Ramadan**. Dydy pobl ddim yn bwyta bwyd yn y dydd. Maen nhw'n bwyta yn y nos. Ar ôl Ramadan, mae gŵyl **Eid**.

Yn ystod Ramadan, mae Gorsaf Radio arbennig yng Nghaerdydd – Radio Ramadan. Mae'r rhaglenni ar Radio Ramadan yn Urdu, Arabeg, Bengaleg a Saesneg ac mae'n bosibl gwrando ar y rhaglenni yma trwy'r dydd a'r nos, 24 awr!

Mae **Radio Ramadan Caerdydd** ar 107.2FM.

## Beth am wrando?

# Clwb Almaeneg Caerdydd

Wyt ti'n siarad Almaeneg gartref?

Wyt ti'n dysgu Almaeneg yn yr ysgol?

## YDW!

Mae Clwb Almaeneg Caerdydd yn lle da i ymarfer siarad Almaeneg. Mae'r clwb yn cyfarfod bob wythnos i siarad Almaeneg – **Macht mit!**

## ILAYS

ILAYS = golau = *light*

Papur newydd Somalieg ydy **ILAYS**. Yn y papur newydd, mae'r iaith Somali a Saesneg. Dydy ILAYS ddim yn y siopau. Mae Ilays ar y we. Mae hi'n bosibl darllen ILAYS ar www.ilays-newsletter.org.

# Caerdydd:
## Lle da i gael trafodaeth!

### Mae Senedd Cymru yng Nghaerdydd

## Oeddet ti'n gwybod..?

- Mae 60 aelod yn y Cynulliad.
- Cafodd adeilad newydd ei agor ar 1 Mawrth, 2006.
- 1 Mawrth ydy Dydd Gŵyl Dewi.
- Enw'r adeilad ydy'r Senedd.

# Y Senedd:
# lle pwysig i Gymru!

- Mae etholiad ar gyfer y Cynulliad bob pedair blynedd

- Mae'r Cynulliad yn rheoli pethau pwysig iawn yng Nghymru fel :

    **colegau ac ysgolion**
    **ffermio**
    **ffyrdd**
    **hamdden**
    **iechyd**

- Mae hi'n bosibl mynd i'r Senedd a gweld yr aelodau yn trafod.

- Mae hi'n bosibl cael trip ysgol i'r Senedd.

# Billy'n dod yn ôl!

Newyddion gwych i Gaerdydd!

Buodd Billy farw ym 1939, ond 58 mlynedd wedyn, mae Billy yn ôl.

Heddiw, daeth llawer o bobl i Barc Fictoria i weld cerflun newydd.

**Cerflun o Billy.**

David Petersen wnaeth y cerflun. Mae David yn dod o San Clêr. Mae San Clêr yn Sir Gaerfyrddin.

**Mae hi'n bosibl gweld y cerflun heddiw ym mharc Billy, Parc Fictoria.**